BEI GRIN MACHT SICH IHR WISSEN BEZAHLT

- Wir veröffentlichen Ihre Hausarbeit, Bachelor- und Masterarbeit

- Ihr eigenes eBook und Buch - weltweit in allen wichtigen Shops

- Verdienen Sie an jedem Verkauf

Jetzt bei www.GRIN.com hochladen und kostenlos publizieren

Daniel Haver

E-Learning und WebQuests

Aufbau, Didaktik und Chancen

GRIN Verlag

Bibliografische Information der Deutschen Nationalbibliothek:

Die Deutsche Bibliothek verzeichnet diese Publikation in der Deutschen Nationalbibliografie; detaillierte bibliografische Daten sind im Internet über http://dnb.d-nb.de/ abrufbar.

Dieses Werk sowie alle darin enthaltenen einzelnen Beiträge und Abbildungen sind urheberrechtlich geschützt. Jede Verwertung, die nicht ausdrücklich vom Urheberrechtsschutz zugelassen ist, bedarf der vorherigen Zustimmung des Verlages. Das gilt insbesondere für Vervielfältigungen, Bearbeitungen, Übersetzungen, Mikroverfilmungen, Auswertungen durch Datenbanken und für die Einspeicherung und Verarbeitung in elektronische Systeme. Alle Rechte, auch die des auszugsweisen Nachdrucks, der fotomechanischen Wiedergabe (einschließlich Mikrokopie) sowie der Auswertung durch Datenbanken oder ähnliche Einrichtungen, vorbehalten.

Impressum:

Copyright © 2011 GRIN Verlag GmbH
Druck und Bindung: Books on Demand GmbH, Norderstedt Germany
ISBN: 978-3-656-25317-4

Dieses Buch bei GRIN:

http://www.grin.com/de/e-book/198385/e-learning-und-webquests

GRIN - Your knowledge has value

Der GRIN Verlag publiziert seit 1998 wissenschaftliche Arbeiten von Studenten, Hochschullehrern und anderen Akademikern als eBook und gedrucktes Buch. Die Verlagswebsite www.grin.com ist die ideale Plattform zur Veröffentlichung von Hausarbeiten, Abschlussarbeiten, wissenschaftlichen Aufsätzen, Dissertationen und Fachbüchern.

Besuchen Sie uns im Internet:

http://www.grin.com/

http://www.facebook.com/grincom

http://www.twitter.com/grin_com

E-Learning und WebQuests –

Aufbau, Didaktik und Chancen

Hausarbeit

Daniel Haver

PH Ludwigsburg Standort Reutlingen
Sonderpädagogik

Inhaltsverzeichnis

1. Einleitung..3

2. E-Learning..4

3. WebQuests – Definition, Aufbau und Didaktik 6

    1.Schritt: Thema/Introduction...8
    2. Die Aufgabe/Task..9
    3.Ressourcen/Information Sources..13
    4. Prozess/Process and Guidance...14
    5. Evaluation/Evaluation..15
    6. Präsentation/Conclusion..16

4. WebQuests – ein konstruktivistisches Lernmodell.....................................17

5. Bezüge zum Bildungsplan..20

6. Chancen und Grenzen 22

7. Fazit...23

Literaturverzeichnis:...25

1. Einleitung

Im Juli kam die Studie (N)ONLINER Atlas 2011[1] zu dem Ergebnis, dass 97,6% der 14 – 29 Jährigen das Internet nutzen. Das Internet ist ein Teil der Lebenswirklichkeit der Schüler und nicht mehr aus ihrem Alltag wegzudenken. Deshalb muss die Schule digitale Medien als einen Bestandteil des Lernens und des Schulalltages aufnehmen. Dabei hängt die Qualität immer vom pädagogischen Konzept ab. E-Learning kann sehr unterschiedlich erfolgen und durch die stetige rasante technologische Entwicklung ist es hilfreich das Wichtige vom Unwichtigen zu unterscheiden.[2]

Die vorliegende Arbeit will das Phänomen E-Learning beschreiben und versuchen eine Hilfestellung im Umgang im Unterricht geben.

Zuerst wird sich dem Begriff E-Learning angenähert und sich mit verschiedenen Definitionen auseinandergesetzt. Dann wird der Bereich WebQuest explizit hervorgehoben und dessen Herkunft, Aufbau und didaktische Hintergründe beschrieben. Das folgende Kapitel konzentriert sich auf das zugrundeliegende Lernmodell der WebQuest - Methode und untersucht die sich verändernde Lehrerrolle. Im Folgenden werden die Anknüpfungspunkte im Bildungsplan, speziell für die Schule für Erziehungshilfe, aufgezeigt. Abschließend werden die Chancen und Grenzen der WebQuest – Methode und der Internetnutzung im Schulalltag beschrieben.

---

1 Vgl. Peterhans 2011
2 Vgl. Schulen ans Netz e.V.

2. E-Learning

Was ist E-Learning? Die Antwort auf diese Frage fällt vielfältig aus. Rosenberg definiert E-Learning folgndermaßen: „E-Learning refers to the use of Internet technologies to deliver a broad array of solutions that enhance knowledge and performance."[3] Dies baut nach Rosenberg auf drei wesentlichen Aspekten auf:

1. E-Learning is networked, which makes it capable of instant updating, storage/retrieval, distribution and sharing of instruction or information.

2. It is delivered to the end-user via a computer using standard internet technology.

3. It focuses on the broad view of learning-learning solutions that go beyond the traditional paradigms of training.[4]

Kerres und de Witt fassen den Begriff E-Learning weiter und bezeichnen damit „alle Varianten von Lehr- und Lernaktivitäten, die das Internet für Information und Kommunikation nutzen."[5] Baumgartner/Häfele/Häfele gehen noch einen Schritt weiter und verwenden die Bezeichnung „E-Learning" als einen übergeordneten Begriff für „softwareunterstütztes Lernen".[6]
Hettinger sieht diese Verwendung des Begriffes kritisch und zieht eine „merkmalsbezogene" Definition von E-Learning vor. Nach Hettinger findet E-Learning statt, wenn folgende Merkmale erfüllt sind:

- Es handelt sich um Inhalte, Verfahren und Technologien, die für das Lehren und Lernen eingesetzt werden. Dabei werden Internettechnologien als Übertragungs- und Kommunikationsmedium genutzt.
- E-Learning schließt die Möglichkeit zur elektronischen Kommunikation ein (im unterschied zu einer Schulfernsehsendung beispielsweise oder einer didaktischen DVD).

---

3 Rosenberg 2001, S.28
4 Ebd., S.28
5 Kerres/de Witt 2004, S.78
6 Vgl. Baumgartner/Häfele/Häfele 2002, S.5

2. E-Learning

- In den meisten Fällen erfolgt die Verwaltung der Inhalte, der Unterrichtseinheiten, der Kurse und der Nutzer elektronisch (bzw. „online"), in der Regel mit Hilfe so genannter „Learning Management Systeme"[7].
- E-Learning bezeichnet eine Art des Lehrens und Lernens, bei der Medien eine wesentliche Rolle spielen.[8]

Nach Hettinger ist E-Learning also kein geeigneter Oberbegriff für Lernen mit digitalen Medien. Die Nutzung von digitalen oder audiovisuellen Medien wie beispielsweise Audio- oder Videodateien sind kein E-Learning. Die Unterscheidung in E-Learning und Lernen mit Medien gestaltet sich oft schwierig, da die Übergänge fließend sein können. Wenn Inhalte wie Audio- und Videodateien in das Internet übertragen werden oder im schulischen Intranet auf einen lokalen Webserver zugegriffen wird und dabei die Bereitstellung der Inhalte mit Internettechnologien erfolgt aber die unterrichtliche Kommunikation über diese Inhalte ohne Internettechnologien geschieht, handelt es sich nach Hettinger nicht um E-Learning.[9] Die Bezeichnung „E-Learning" lässt sich nicht trennscharf definieren. Hettinger kommt auch zu dieser Schlussfolgerung und entwirft einen Begriffsraum „E-Learning" in dem er die Merkmale und Erscheinungsformen von E-Learning berücksichtigt und gleichzeitig die Vielfältigkeit des Begriffs verdeutlicht:

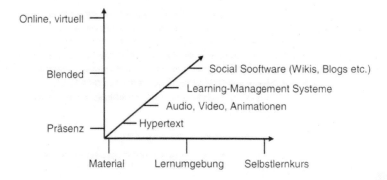

Abbildung 1: Der Begriffsraum E-Learning nach Hettinger 2008

---

7 Mit diesem Begriff beschreibt Hettinger Programme, die internetgestützte Lernangebote organisieren und verwalten lassen, z.B. moodle, WebCT oder ILIAS.
8 Hettinger 2008, S.10
9 Vgl. ebd., S.11

2. E-Learning

Hettinger beschreibt mit seiner Grafik „Begriffsraum E-Learning" auf der x-Achse die unterschiedlichen didaktischen Ausrichtungen der Inhalte. Auf der y-Achse stehen die Lehr-Lerntätigkeiten. Dazwischen verdeutlicht die z-Achse die jeweiligen technologischen Grundlagen.[10]

Wie oben schon verdeutlicht umfasst der Begriff E-Learning einen großen Raum, der unterschiedlich definiert wird. Der Versuch den Begriff statisch und unveränderlich zu definieren ist müßig.[11] Im Folgenden beschränke ich mich deshalb auf eine spezielle Form des E-Learnings: Die WebQuest-Methode. Ein WebQuest stellt eine didaktische Struktur dar, das einen Rahmen für explorative Schüleraktivitäten mit dem Internet und anderen digitalen Medien ermöglicht.[12]

Die WebQuest-Methode ließe sich in Hettingers Grafik auf der x-Achse bei der Lernumgebung einordnen und auf der y-Achse zwischen online, virtuell und blended Learning. Der Begriff lässt sich auf der gesamten z-Achse zuordnen. Auch die Bezeichnung „WebQuest" ist meines Erachtens nicht statisch zu begreifen und lässt sich nicht klar im Begriffsraum E-Learning von Hettinger abgrenzen.

3. WebQuests – Definition, Aufbau und Didaktik

Im Jahre 1995 wurde von Bernie Dodge[13], einem Professor an der San Diego State University, das WebQuest – Modell entwickelt. Den Begriff „WebQuest" zu definieren ist nicht einfach. In der Literatur und im Internet findet man eine Vielzahl von unterschiedlichen Verwendungen für diese Bezeichnung. Beispielsweise findet man auf Dodges Website „WebQuest.org" über 2500 verschiedene WebQuests (stand September 2011).

Das Wort „Quest" ist Englisch und bedeutet auf deutsch Suche. Zudem bezeichnet „Quest" die Heldenreise eines Ritters oder Helden, in deren Verlauf er verschiedene Aufgaben lösen, Feinde besiegen und Schwierigkeiten überwinden muss und dadurch

---

10 Vgl. Hettinger 2008, S.12
11 Vgl. ebd., S.11
12 Vgl. Dopplinger 2011
13 Dodge pflegt eine Webseite „WebQuest.org", dort lassen sich neben zahlreichen Beispielen auch Überlegungen über WebQuests finden.

3. WebQuests – Definition, Aufbau und Didaktik

Ruhm und Erfahrung erntet und/oder ein angestrebtes Ziel (zum Beispiel den heiligen Gral) erreicht.[14] Das Wort „Web" bezieht sich auf das WorldWideWeb. Somit lässt sich das Wort „WebQuest" auch als eine „Abenteuerliche Spurensuche im Internet" beschreiben.[15] Tom March (ein Kollege von Dodge) definiert WebQuest als eine

> „scaffolded learning structure that uses links to essential resources on the World Wide Web and an authentic task to motivate students' investigation of a central, open-ended question, development of individual expertise and participation in a final group process that attempts to transform newly acquired information into a more sophisticated understanding. The best WebQuests do this in a way that inspires students to see richer thematic relationships, facilitate a contribution to the real world of learning and reflect on their own metacognitive processes".[16]

Das heißt ein WebQuest ist eine auf das Internet aufgebaute Aktivität, bei der es darum geht eine zentrale Frage zu beantworten. Diese Frage ist real, für die Schüler relevant, komplex und eignet sich auch aus mehreren Perspektiven zu betrachten. Ein gutes WebQuest bringt die Schüler dazu ihr Wissen zu transformieren. Beispielsweise werden gegensätzliche Meinungen verbunden, eigene Bewertungen angestellt, eine Lösung zu finden, die trotz Einschränkungen möglich wäre oder nehmen eine Haltung ein, die es zu verteidigen gilt. Ein WebQuest wird gewöhnlich von einer kleinen Gruppe von Schülern durchgeführt. Innerhalb der Gruppe übernimmt jeder Schüler eine Teilaufgabe.[17]
Dodge unterscheidet zwischen kurzfristigen und längerfristigen WebQuests. Eine kurzfristiges WebQuest erstreckt sich über ein bis drei Unterrichtsstunden und die Schüler haben einen bedeutenden, sinngebenden Wissenszuwachs erfahren. Über mehrere Wochen, bis hinzu einem Monat beschäftigen sich Schüler mit einem längerfristig angelegten WebQuest. Dabei haben die Schüler ein weitreichendes Wissen analysiert und sich so damit beschäftigt, dass sie selbst eigenes Material geschaffen haben, mit dem sich andere sinnvoll auseinandersetzen können.[18]

Dodge beschreibt über 20 verschiedene Arten von WebQuests, die alle ein ähnliches

---

14 Vgl. wikipedia.de
15 Vgl. Gerber 2004
16 March 2003
17 Vgl. Fiedler 2002, S.3
18 Vgl. Dodge 1995

3. WebQuests – Definition, Aufbau und Didaktik

Muster aufweisen und verschiedene Aufgabenbereiche beinhalten (siehe dazu 2. Die Aufgabe/Tasks).[19]

Konkret lässt sich der Aufbau eines WebQuest anhand von 6 Punkten nachvollziehen:

- an introduction to set the stage and provide background information,

- an interesting task,

- information sources to complete the task,

- a description of the process the learner should use to accomplish the task,

- guidance on how to organize the information, and

- a conclusion[20]

In Anlehnung an Dodge[21] und Moser[22] werden im Folgenden diese sechs Teilschritte erläutert.

1.Schritt: Thema/Introduction

„Am Beginn steht ein herausforderndes Thema, das auf spannende und anschauliche Art eingeführt wird."[23] Dies kann mithilfe einem Text, Filmausschnitt oder auch mit einem Unterrichtsgespräch geschehen. Der Inhalt eines WebQuests kann dabei sehr vielfältig sein. Zum Beispiel kann eine Rätsel/Problem gelöst werden, ein Produkt entworfen werden, Sachverhalte lassen sich analysieren oder man schafft ein kreatives Werk.[24]

---

19 Eine detaillierte Aufstellung der Formen mit genauer Beschreibung ist online abrufbar unter: http://webquest.sdsu.edu/designpatterns/all.htm
20 Vgl. Dodge 1995
21 Vgl. ebd.
22 Moser 2008, S.31-42
23 Ebd., S.31
24 Dodge 1995

3. WebQuests – Definition, Aufbau und Didaktik

Wichtig ist es, dass die Einführung in das Thema motiviert.[25] Dies kann durch die Anbindung des Themas an die Lebenswelt der Schüler geschehen. Das Thema des WebQuests sollte idealerweise im Lehrplan eingebettet sein. Moser betont dies besonders, da WebQuests nicht als etwas Außergewöhnliches, beispielsweise während einer Projektwoche stattfinden sollten, sondern „Teil des normalen und täglichen Unterrichts sind."[26]

2. Die Aufgabe/Task

„Die Aufgabenstellung ist didaktisch das zentrale Element eines WebQuest. Die Aufgabe gibt den Lernenden das Ziel vor und gibt ihren Aktivitäten eine Richtung."[27] Sie sollte lösbar und interessant[28], sowie möglichst konkret[29] sein. Die Aufgabenstellung kann auch in mehrere Unteraufgaben gegliedert werden. Moser betont hier die Wichtigkeit, die Schüler miteinzubeziehen. Die Arbeitsaufträge sollen mit ihnen besprochen, ergänzt und möglicherweise verändert werden. „Ziel ist es also, dass den Schülerinnen und Schülern an dieser Stelle Gelegenheit geboten wird, das WebQuest zu ihrer eigenen Sache zu machen."[30]

Die Aufgabe sollte so umfangreich und komplex sein, dass mehrere Schüler in Gruppen zusammen daran arbeiten können. Dabei muss man die Aufgaben an unterschiedliche Leistungs- und Interessenprofile der Schüler anpassen.[31]

Dodge unterscheidet 12 verschiedene Aufgabenkategorien[32], wobei in einem WebQuest mehrere davon gleichzeitig auftreten können.

Retelling Tasks: Diese „Brot und Butter"[33] Aufgabenkategorie, wie sie Dodge nennt, stellen keine bahnbrechende neuerung in den Lehrmethoden dar, jedoch ermöglicht sie

---

25 Vgl. Moser 2008, S.32
26 Moser 2008, S.32
27 Wagner 2004, S.8
28 Vgl. Dodge 1995
29 Vgl. Moser 2008, S.33
30 Ebd., S.33
31 Vgl. ebd., S.34
32 Dodge 2002
33 Ebd. 2002

3. WebQuests – Definition, Aufbau und Didaktik

eine einfache Einführung in den nutzen des Internets als Ressource für Informationen. Hierbei geht es nicht um einfaches „Copy & Paste" der gefundenen Informationen, sondern die Schüler sollen zeigen, dass sie bestimmte Informationen eines Texts verstanden haben, indem sie den Inhalt in einer anderen Form präsentieren.

Compilation Tasks: Schüler sollen Informationen aus verschiedenen Quellen sammeln und diese zu einem gemeinsamen Text/Produkt zusammenstellen. In diesem prozess machen sich die Schüler mit dem Lerninhalt vertraut und üben Informationen auszuwählen, zu strukturieren und zu organisieren. Hierbei ist es wichtig, dass „Standards für die Zusammenstellung des Informationen beschrieben werden, die aber so offen sein müssen, dass die Schüler noch selbst Entscheidungen über Auswahl, Strukturierung und Präsentation der Informationen treffen müssen."[34]

Mystery Tasks: Schüler lassen sich durch eine Detektivgeschichte oder ein Rätsel oftmals mit großem Interesse und Motivation in ein Themengebiet einführen, vor allem wenn es sich um Grundschüler handelt.

Dabei ist es wichtig, dass sich ein Rätsel nicht durch eine Quelle lösen lässt. Der Lehrer sollte das Rätsel so gestalten, dass man vierschiedene Quelelen zur Lösung benötigt. Zudem bietet es sich an Irrwege anzulegen, die sich erst nach genauerem Betrachten der Schüler sich als falsch herausstellen.

Journalistic Tasks: Eine Möglichkeit ist es Schüler in die Rolle eines Journalisten schlüpfen zu lassen. Sie sollen beispielsweise über ein Ereignis und dessen Hintergründe berichten. Hier ist vor allem Genauigkeit und Sorgfalt gefragt. Es sind unterschiedliche Meinungen und Positionen zu berücksichtigen und diese in passender Form gegenüberzustellen und zu präsentieren.

Design Tasks: Diese Aufgabenkategorie ist produktionsorientiert. Die Schüler sollen für ein bestimmtes Ziel ein Plan entwerfen aus dem anschließend ein Produkt entstehen soll. Hierbei kann es dabei gehen ein Haus zu renovieren, einen Reise oder Exkursion zu

---

[34] Wagner 2004, S.9

3. WebQuests – Definition, Aufbau und Didaktik

planen oder einen Umzugsplan zu entwerfen. Es gilt zu Berücksichtigen, dass die Lösung einen praktischen Nutzen für den Schüler besitzt und auch in ihrer Lebenswelt anwendbar wäre.

Creative Product Tasks: Ähnlich wie bei Design Tasks geht es bei dieser Kategorie darum ein Produkt zu erstellen. Hier kann aber das Produkt ein Bild, ein Plakat, eine Collage, ein Text, ein Hörspiel, ein Lied usw. sein. Sinnvoll ist es wenn der Lehrende die Rahmenbedingungen klar vorgibt: „zum Beispiel die Orientierung an einen bestimmten künstlerischen Stil/Genre; Länge, Größe, Umfang des Produkts etc."[35]

Consensus Building Tasks: Hier geht es um die Diskussion verschiedener Meinungen und Wertvorstellungen. Es sollte ein authentischer Konflikt, der schon im Voraus als kontorvers empfunden wird, behandelt werden. Dabei sollen die Schüler Faktenwissen und auch ihre subjektiv-emotionalen Sichtweisen mit berücksichtigen. Als Themen eigenen sich beispielsweise politische und historische Ereignisse oder Themen der interkulturellen kommunikation.

Persuasion Tasks: Die Schüler sollen eine Haltung/Position einnehmen und diese verteidigen und möglichst andere Menschen von ihrer Meinung überzeugen. Dies kann in Form einer simulierten Gerichtsverhandlung geschehen oder es wird ein Brief/Kommentar/Pressenotiz verfasst. Es besteht auch die Möglichkeit einen überzeugenden Werbespot zu drehen oder ein Plakat zu erstellen.

Self-Knowledge Tasks: Es ist möglich, dass das Ziel eines WebQuest das bessere Selbstverständnis des Einzelnen darstellt. Die Schüler sollen sich mit den eigenen Stärken, Wünschen und Schwächen auseinandersetzen.

Analytic Tasks: Die Schüler sollen in dieser Aufgabenkategorie Sachverhalte genau betrachten und möglicherweise Gemeinsamkeiten und Unterschiede herausarbeiten.

---
35 Lenczowski 2008, S.8

3. WebQuests – Definition, Aufbau und Didaktik

Dabei soll es nicht nur bei der Gegenüberstellung zweier Sachverhalte bleiben, sondern die Schüler sollen versuchen Folgen abzuleiten.

Judgement Tasks: Wenn man etwas bewertet, benötigt man Hintergrundwissen über das zu bewertende und ein Wissen über ein geeignetes Bewertungssystem. Die Schüler sollen also Informationen zu einem Thema erarbeiten und sich für eine bestimmte Position/Argumentation entscheiden. Dabei soll der Schüler seine Vorgehensweise und die Gründe/Kriterien für seine Entscheidung offen legen und mit den anderen Schülern teilen und begründen.

Scientific Tasks: Bei diesen Aufgabenstellungen sollen die Schüler mit wissenschaftlichen Forschungsmethoden und Arbeitsweisen vertraut gemacht werden, beispielsweise:

- „Aufstellen von Hypothesen anhand Hintergrundinformationen,
- Überprüfen der Hypothesen anhand der Daten aus ausgewählten Quellen,
- Entscheiden, ob die Hypothesen durch die Informationen gestützt werden,
- das Ergebnis und die Folgerung, daraus in Form eines wissenschaftlichen Berichts beschreiben."[36]

Bei der Konzeption eines WebQuests ist zu berücksichtigen welche Denkprozesse und „Denk-Fähigkeiten" geübt werden können und sollen. Dodge unterscheidet verschiedene „thinking skills", die bei der Durchführung von WebQuests trainiert werden können:

1. **Comparing:** Ähnlichkeiten und Unterschiede zwischen Dingen erkennen und benennen.
2. **Classifying:** Sachverhalte und Fakten nach Kriterien einteilen.
3. **Inducing:** Das Ableiten von Prinzipien/Kriterien aufgrund von Analysen und

---
[36] Wagner 2004, S.12

3. WebQuests – Definition, Aufbau und Didaktik

Beobachtungen.

4. **Deducing:** Aus Sachverhalten und Fakten, Folgen, Bedingungen und Verallgemeinerungen ableiten.
5. **Analyzing Errors:** Fehler erkennen und benennen.
6. **Construction Support:** Argumentationen für die Unterstützung einer Position/Annahme erarbeiten und anführen.
7. **Abstraction**: Informationen, die Inhalten und Themen zugrunde liegen, erkennen und benennen.
8. **Analyzing Perspectives:** Standpunkte/Ansichten/Perspektiven erkennen, analysieren und reflektieren.[37]

Die unterschiedlichen Aufgabenkategorien können jeweils verschiedene „Denk-Fähigkeiten" aufgreifen und trainieren.

3. Ressourcen/Information Sources

„Ressourcen sind Material, das zur Bearbeitung der Aufgabenstellungen benötigt wird. Es handelt sich dabei um Hyperlinks auf nützliche Webseiten, Hinweise und Bücher, Zeitschriften, Lexika etc."[38]

Wichtig hierbei ist es, dass es sich bei den angegebenen Quellen um möglichst fruchtbare und zuverlässige Quellen handelt. Der Lehrer gibt ein paar zentrale Quellen vor, um völlig planloses suchen nach Informationen zu vermeiden.[39] Trotzdem sollten auch immer zusätzlich Suchmaschinen und Datenbanken als Quellen angegeben werden, so dass die Schüler auch selbständig Quellen finden können. Es ist gewollt, dass die Schüler eigene Quellen verwenden, welche sie im Internet finden oder das aus anderen ihnen zugänglichen Quellen stammt.[40]

Mit dem dritten Schritt ist die eigentliche Planungsphase des WebQuests abgeschlossen.

---

37 Vgl. Dodge 1995
38 Moser 2008, S.35
39 Fiedler 2002, S.5
40 Vgl. Moser, S.35

3. WebQuests – Definition, Aufbau und Didaktik

Diese Beschreibung des Lernauftrages wird für gewöhnlich im Netz publiziert, so dass der Computer zur zentralen Umgebung zur Durchführung des WebQuests wird.[41]

Abbildung 2: Zoo WebQuest der Grundschule Friedrichsfehn

Der Computer eignet sich dafür besonders, da „alle Informationen an einem überschaubaren Ort abgelegt"[42] sind. Das Material und die Arbeitsblätter lassen sich einfach speichern und bearbeiten. Zudem können die gesammelten Informationen komfortabel in die eigene Webseite übernommen werden.[43]

4. Prozess/Process and Guidance

Die Prozessbeschreibung dient dazu den Schülern konkrete Handlungshilfen für die Bearbeitung zu geben. Zum Beispiel wird oftmals den Schülern eine Aufgabenverteilung

---
41 Vgl. ebd., S.36
42 Moser 2008, S.36
43 Vgl. ebd., S.36

3. WebQuests – Definition, Aufbau und Didaktik

innerhalb der Gruppe vorgeschlagen.[44]

Im Mittelpunkt des Prozesses eines WebQuests steht aber das eigenständige Lernen der Schüler. Ganz im Sinne von Beck et al.: „Schüler sollten in einer Lernumgebung aufwachsen, die sie da zu ermuntert, sich selbst verschiedener Informationsquellen zu bedienen, eigene Ziele zu setzten und Lösungen zu finden, Aktivitäten selbst zu planen, Entscheidungen zu fällen und zu lernen, die eigenen Lernerfahrungen erfolgreich auszuweiten."[45]

Das heißt die Schüler bzw. Lerngruppen handeln ihren Arbeitsprozess möglichst selbständig aus. Sie legen möglichst eigenständig die Details ihres Auftrages fest und beschließen selbständig die Vorgehensweise, die Arbeitsteilung, den Zeitplan, die Organisation und wie sie ihre Ergebnisse festhalten wollen.[46] Während des Prozesses des aktiven Informationen-Suchens der Schüler, ändert sich die Lehrerrolle. Die Lehrkräfte werden dabei zum Coach und stehen den Schülern auf ihrem Lernweg beratend zur Seite.[47]

Beurteilungsbogen: WebQuest

1. Auf welcher Komplexitätsebene wurde im WebQuest gearbeitet? Ging es darum
   - Informationen aus wenigen Quellen zusammenzutragen und zu ordnen?
   - Informationen aus verschiedenen Quellen zu verarbeiten?
   - Informationen auf Probleme anzuwenden und diese zu lösen?
   - aus verschiedenen Wissensbeständen etwas Neues zu kreieren?

2. Wie eigenständig und selbstständig wurde gearbeitet?
   - Wurden lediglich vorgegebene Fragen aus bereits vorliegendem Material bearbeitet?
   - Haben die Schüler/innen selbstständig Quellen gesucht und verarbeitet?
   - Wieviel Hilfe benötigten sie dabei?

3. Wieweit sind die im Rahmen des WebQuest gestellten Aufgaben gelöst worden?
   - Ist eine systematisch erstellte Wissenswelt entstanden? Weist diese grosse Lücken auf?
   - Wurden die gestellten Probleme und Rätsel vollständig, teilweise oder gar nicht gelöst?

4. Wie komplex war der Prozess, der von den Schülerinnen und Schülern organisiert werden musste?
   - War es eine einfache Aufgabe, die in wenigen Schritten gelöst werden konnte?
   - Erforderte der Prozess viele Entscheidungen, über die sich die Schüler/innen einigen mussten?
   - War den Schülerinnen und Schülern immer klar, was sie tun mussten?

5. Wie ist die Präsentation des WebQuest zu bewerten?
   - Hatte die Präsentation einen folgerichtigen Aufbau?
   - Wie gut ist es den Schülern und Schülerinnen gelungen, ihre Resultate auf einer Webseite darzustellen?
   - Wie ansprechend ist dies geschehen (durch Einbezug von grafischen Elementen und ein übersichtliches Layout)?

Abbildung 3: Beurteilungsbogen WebQuest nach Moser 2008

5. Evaluation/Evaluation

Dodge hat sein von 1995 entworfenes Model eines

---
[44] Fiedler 2002, S.5
[45] Beck et al. 1996, S.23
[46] Vgl. Lenczowski, 2008, S.12
[47] Moser 2008., S.37

3. WebQuests – Definition, Aufbau und Didaktik

WebQuests um den Punkt Evaluation erweitert.[48] Moser unterteilt diese in die Schüler-Evaluation und in die Lehrer-Evaluation.[49] Da die Schüler eigenständiges Lernen üben, erlernen sie neue kognitive Strategien, mit denen sie komplexe Aufgaben wie sie in WebQuests gefordert werden zu meistern lernen. Dabei ist eine Selbstevaluation, die den eigenen Arbeitsprozess reflektiert unerlässlich. In einer Schüler-Evaluation können, wie von Moser vorgeschlagen, ein Quest-Tagebuch (oder elektronischer Blog) verwendet werden. Es ist dabei ausreichend, wenn die Schüler eine kurze Reflexion des Arbeitsprozesses in ein bis zwei Sätzen zusammen fassen. Es lässt sich auch mithilfe von einem Fragebogen zur Zusammenarbeit in der Gruppe kurze und effektive Reflexionsmöglichkeiten für die Schüler schaffen.[50] Außerdem ist es wichtig für die Schüler, dass die Lehrer ihnen ein Feedback[51] über ihre Arbeit geben (siehe Abbildung 2). Dabei geht es vor allem darum die Qualität eines WebQuests insgesamt zu beurteilen. Die Beurteilung der Schülerleistung ist vorerst zweitrangig.[52]

6. *Präsentation/Conclusion*

Die Präsentation der Arbeitsergebnisse ist ein zentraler Bestandteil von WebQuests.[53] Als Resultat des Lern- und Arbeitsprozesses steht am Ende die Präsentation. Es gibt vielfältige Formen der Ergebnispräsentation. Moser sieht vor allem die Präsentation der Ergebnisse im Netz als zentral an. Denn die Grundidee der WebQuests ist es Wissen mit anderen auszutauschen und auch bereitzustellen, im Sinne einer „Lernspirale im Netz".[54] Zum einen werden so die Schüler motiviert eigene WebQuests und Präsentationen zu entwickeln und zum Anderen können die Ergebnisse als „Wissensquellen" von Anderen genutzt werden.[55]
Jedoch muss das Internet nicht ausschließlich zu Präsentation genutzt werden. Zum Beispiel sieht Gerber Vorteile in der Präsentation im Klassenzimmer innerhalb eines

---
48 Vgl. Dodge 1997
49 Vgl. Moser 2008, S.38-41
50 Vgl. ebd., S.39
51 Ein weiteres Raster zur Evaluation von WebQuests:
http://projects.edtech.sandi.net/staffdev/tpss99/mywebquest/index.htm
52 Vgl. Moser 2008, S.40
53 Vgl. Lenczowski 2008, S.12
54 Moser 2008, S.41
55 Vgl. Lenczowski, S.12

3. WebQuests – Definition, Aufbau und Didaktik

Kurses und legt den Schwerpunkt auf die Kommunikation innerhalb der Schüler.[56] Andere Formen der Präsentation könnten beispielsweise kurze Filme, Podcasts oder auch traditionelle Präsentationsformen mit Beamer oder Overheadprojektor, Plakate, Handouts bieten sich an. Die Ergebnisse eines WebQuests lassen sich auch auf einer Webseite der Klasse präsentieren. Hierbei könnten die Schüler Einblicke in die Erstellung von Webseiten und deren Pflege bekommen.[57]

4. WebQuests – ein konstruktivistisches Lernmodell

WebQuests betonen das selbständige, autonome Lernen der Schüler. Es ist nicht sinnvoll ein WebQuest bis in das letzte Detail vorzustrukturieren. Moser spricht hier von dem richtigen Maß von „Scaffolding und Fading"[58]. Der Lehrer muss ein tragfähiges Gerüst vorgeben, an dem sich die Schüler orientieren und notfalls halten können. Zugleich muss das Gerüst so gestaltet sein, dass der Lehrer sich immer mehr zurück ziehen kann, sobald die Kenntnisse und Erfahrungen der Schüler zunehmen.
Den WebQuests liegt ein konstruktivistisches Lernmodell zugrunde.[59] Nach dem Konstruktivismus sind Individuen durch drei Merkmale gekennzeichnet: „Sie sind strukturdeterminiert, selbstreferentiell und nicht-trivial."[60] Strukturdeterminiert bedeutet, dass eine Person nicht durch äußere Reize zu einer bestimmten Reaktion gebracht werden kann, sondern eine innere Struktur der Person bestimmt die Reaktion. Sie sind selbstreferentiell, da jede Handlung auf ihre Struktur zurückwirkt und diese bestätigt oder verändert. Trotzdem wird ein Individuum durch die Umwelt beeinflusst, da jede Person ständig mit der Umwelt im Austausch steht. Nicht-trivial sind Personen, da egal wie oft sie den gleichen Input erleben, ihr Output sich nicht wiederholt und immer anders ist. Ein Input eines Lehrers (z.B. ein Lob) kann verschiedenste Reaktionen in einem Schüler hervorrufen. Dieser Input kann zum einen die Leistungsbereitschaft des Schülers erhöhen

---

56 Vgl. Gerber 2007, S.3
57 Vgl. Moser 2008, S.41-42
58 Ebd., S.53
59 Vgl. Lenczowski 2008, S.14
60 Werning, 1998, S.40

4. WebQuests – ein konstruktivistisches Lernmodell

oder zum anderen den Widerstand zur Arbeitsanforderung verstärken, wenn der Schüler das Lob als Sarkasmus des Lehrers deutet.[61] Dabei ist die innere Struktur einer Person „das Ergebnis seiner Biographie, seiner momentanen Gestimmtheit."[62] Durch Handlungen und Erfahrungen kann die innere Struktur eines Individuums verändert werden.

Für die Pädagogik bedeutet dies, dass „Lehren das Anregen von Selbstlernen eines autonomen Subjekts ist. [..] Lehren ist also nicht die Vermittlung [..] eines „objektiven" Zielzustandes, sondern Lehren ist die Anregung des Subjekts, seine Konstruktion von Wirklichkeit zu hinterfragen, zu überprüfen, weiterzuentwickeln, zu verwerfen, zu bestätigen etc."[63] Ein solches eigenständiges und selbst gesteuertes Lernen entspricht dem Ansatz der WebQuests. Moser sieht einen Grund für die steigende Popularität von WebQuests und konstruktivistischer Konzeptionen durch die Wissensexplosion der heutigen Informationsgesellschaft. Es geht nicht mehr nur darum sich Wissen anzueignen, sonder vielmehr um die Art und Weise wie man Sichtweisen und Daten in der Informationsflut behandelt.[64] Für den Lehrenden ist es wichtig nachzuvollziehen, dass seine Einflussmöglichkeiten bei der Wissensvermittlung begrenzt sind. Er ist Anbieter des Wissens und nicht Überträger. Auch der Einfluss auf die kognitive Verarbeitung der Schüler ist gering.[65] Nach konstruktivistischer Perspektive verarbeiten Lernende das Wissen nicht einfach, sondern verarbeiten es nach eigenen Gesetzesmäßigkeiten: „Entscheidend für den konstruktiven Prozess des Wissenserwerbs sind bereits bestehende Wissensstrukturen; der Lernende konstruiert sein Wissen, indem er die Erfahrungen in Abhängigkeit von diesem Vorwissen und auf Grundlage bestehender Überzeugungen interpretiert."[66] So entscheiden Schüler selbst welches Wissen sie speichern und nach welchen Kriterien sie ihre „Wissenswelt"[67] aufbauen und gestalten. Brandl 1997 beschreibt Basisannahmen von konstruktivistischen Lernumgebungen. Moser 2008 überträgt diese Annahmen auf die Arbeit mit WebQuests. Daraus ergeben sich folgende Annahmen, die für eine erfolgreiche Durchführung von WebQuests erforderlich sind:

---

61 Vgl. Werning 1998, S.41
62 Ebd., S.41
63 Ebd., S.41
64 Vgl. Moser 2008, S.55-56
65 Vgl. Wyrwa 1995, S.15
66 Brandl 1997, S.4
67 Moser 2008, S.57

4. WebQuests – ein konstruktivistisches Lernmodell

- **Wissen ist unabgeschlossen**
  Eine Wissenswelt ist immer unvollständig, da es immer neue Perspektiven und Möglichkeiten gibt sie zu erweitern und und zu ergänzen. Dem entsprechen WebQuest durch ihre Lernspirale. Schüler nutzen die Ressourcen durchgeführter WebQuests und bearbeiten und verändern sie. Sie entwickeln ihre eigenen Wissensbestände und Problemlösungen.

- **Wissen wird individuell und in sozialen Bezügen konstruiert**
  Das Lernen erfolgt in der Perspektive der Schüler. Bei WebQuest dürfen die Aufgaben nicht vom Lehrer gegeben werden, sondern die Schüler müssen, gemeinsam mit dem Lehrer, die Aufgabe aus ihren Interessen und Bedürfnissen heraus erarbeiten.

- **Lernen ist ein aktiver Prozess**
  Das Wissen ist nicht vorgegeben, sondern die Schüler erarbeiten sich das Wissen selbst in einem aktiven Prozess.

- **Lernen erfolgt in vieldimensionalen Bezügen**
  Es ist wichtig, dass zwischen den Informationen verschiedenste Bezüge und Verbindungen hergestellt werde. Es sollen verschiedene Zusammenhänge gesucht und überprüft werden. Die Vieldimensionalität beschreibt nicht nur den Inhalt des Lernens, sondern auch die Vielfältigkeit der Arbeitsformen: Individuelle Recherchen, Gruppenarbeiten und Klassendiskussionen usw.

- **Unterrichtsgestaltung ist vordringlich eine Frage der Konstruktion**
  Die unterschiedlichen Quellen sollen verbunden und aus verschiedenen Blickwinkeln analysiert werden. Das heißt die verschiedenen Inhalten werden gemeinsam von Schülern und Lehrer konstruiert und es entsteht etwas neues. Der Hyperlink fungiert dabei als Bindeglied und kann, auch scheinbar Unzusammenhängendes, miteinander verbinden. Dabei können sich neue Sinnzusammenhänge ergeben.

4. WebQuests – ein konstruktivistisches Lernmodell

- **Lernende erfahren so wenig Außensteuerung wie möglich**
  Die Schüler sollen möglichst eigenständig arbeiten. Der Lehrer soll sich immer mehr zurückziehen und die Rolle eines Beraters einnehmen.

- **Lehrende fungieren als Berater/Mitgestalter von Lernprozessen**
  Die Lehrkraft hilft den Schülern in Beratender Funktion. Er überschaut den Prozess des Lernens und gibt Hilfestellungen bei Problemen bei der Zusammenarbeit oder wenn die Schüler nicht mehr weiterkommen.

- **Unterrichtsergebnisse sind nicht vorhersagbar**
  Das Endprodukt eines WebQuests ist kaum vorhersehbar. Durch das Internet ist es immer möglich auf neue Quellen und Inhalte zu treffen. Dadurch ändern und erweitern sich oft Zielsetzungen im Verlauf eines WebQuests.[68]

5. Bezüge zum Bildungsplan

Die vorliegende Arbeit konnte verdeutlichen, inwieweit sich WebQuest für den Unterricht eignen. Im Folgenden soll nun geprüft werden, ob sich auch eine Legitimierung der WebQuest – Methode im aktuellen Bildungsplan der Schule für Erziehungshilfe finden lässt. Dabei wurde die Schule für Erziehungshilfe als Grundlage gewählt, da unter anderem Brüggen feststellen konnte, dass Jugendliche der Schule für Erziehungshilfe bzw. Jugendliche in benachteiligten Lebenslagen[69] besonders Defizite in folgenden drei Bereichen aufzeigen:

- Teilhabe am sozialen, kulturellen und politischen Lebenslagen
- Selbstbestimmtes Handeln mit den Medien
- Souveräne Lebensführung mit den Medien[70]

---

68 Vgl. Moser 2008, S.57-59
69 Als benachteiligend gelten folgende lebensweltbezogene Umstände: Wohnlage, geringe/fehlende ökonomische Mittel/Armut, Herkunft/Milieu/Schichtzugehörigkeit, Migration, Zugang zur Bildung und Bildungsbeteiligung, Arbeitslosigkeit (vgl. Hoffmann 2007, S.107).
70 Vgl. Brüggen 2008, S.206

5. Bezüge zum Bildungsplan

Vor diesem Hintergrund erscheint die Auseinandersetzung mit digitalen Medien besonders für diese Zielgruppe als sinnvoll und fruchtbar.

Die Analyse des Bildungsplans 2010 der Schule für Erziehungshilfe in Baden-Württemberg fällt auf den ersten Blick enttäuschend aus. Der Begriff „WebQuest" wird dort nicht aufgeführt. Jedoch gibt es Anknüpfungspunkte im Bereich der digitalen Medien und der Medienkompetenz. „Digitale Medien werden in allen Unterrichtsbereichen eingesetzt und zur Kommunikation, Informationsbeschaffung und -verarbeitung genutzt. Schülerinnen und Schüler tragen mit Hilfe digitaler Medien in vielen Bereichen zur Unterrichtsgestaltung bei."[71] Die Schüler und der Lehrer soll sich mit der Nutzung von digitalen Medien auseinandersetzen. Dies könnte durch WebQuests ermöglicht werden. Andere Ziele wie eigenständiges und selbständiges Lernen werden im Bildungsplan nicht explizit berücksichtigt.

Nichtsdestotrotz werden mit WebQuest zahlreiche Kompetenzen gefördert, die im Bildungsplan festgeschrieben sind:

Die Schüler:
- gehen Aufgaben eigenständig an
- strukturieren Handlungen und Inhalte und sichern ihre Arbeitsergebnisse
- Sie stellen ihre Arbeitsergebnisse dar und erläutern sie
- planen Handlungen
- führen eine Aufgabe zu Ende
- wägen Vor- und Nachteile von Handlungsalternativen ab[72]

Abschließend lässt sich festhalten, dass zwar der Begriff „WebQuest" nicht direkt aufgeführt wird. Jedoch werden die dahinterstehenden Lernziele und Methoden, die mit WebQuests erlernt werden können, indirekt im Bildungsplan angesprochen.

---

71 Bildungsplan 2010, S.68
72 Vgl. ebd., S.89

6. Chancen und Grenzen

WebQuest bieten vielfältige Vorteile und Chancen für Lernende, Lehrende und den Unterricht. WebQuests eignen sich für unterschiedlichste Klassenstufen und Schüler. Die Struktur von WebQuests lässt sich auf jede Zielgruppe anpassen,[73] da der Inhalt schnell und einfach, qualitativ und quantitativ, verändert und angepasst werden kann.[74] Außerdem handelt es sich bei WebQuests um eine problemorientierte Form der Prüfung. Es steht weniger das Faktenwissen im Mittelpunkt, sondern die Problemlösekompetenz und der Transfer des Erlernten wird abgefragt. Die Schüler werden angeleitet Informationen zu finden, zu sortieren und zu präsentieren und ein Verständnis für die sinnvolle Verwendung von Internetquellen zu entwickeln.[75] Durch WebQuests erlernen die Schüler ein hohes Maß an Eigenständigkeit und selbstbestimmtes Lernen. Die Schüler können sich dadurch mit den Lernaufgaben identifizieren, was zu einer Motivations- und Konzentrationssteigerung führt. Der Unterricht öffnet sich und nähert sich der Lebenswelt der Schüler an. Bei WebQuests werden vielfältige Arbeitsmittel, Medien und Methoden genutzt und geübt. Die durch WebQuests geförderten spielerischen Handlungsformen und Präsentationsmöglichkeiten können ebenfalls zur höheren Lernfreude beitragen.[76] Die gemeinsame Suche und Bearbeitung eines Problems fördert zahlreiche Soziale Lernformen und ermöglicht das Training von Sozialkompetenz.[77] WebQuests ermöglichen im Unterricht lernzentriert mit Computer und Internet zu arbeiten, vorausgesetzt der Lehrende besitzt das zugrundeliegende lerntheoretische Wissen (siehe dazu auch WebQuests – ein konstruktivistisches Lernmodell).[78]

Darüber hinaus ist es möglich WebQuests als Struktur von Lernplattformen einzusetzen.[79] Nichtsdestotrotz ist festzuhalten, dass die Erstellung eines WebQuests für den lehrenden einen erheblichen Zeitaufwand bedeutet. Außerdem wird die Beschaffung von Informationen nicht unter realen Bedingungen geübt, so dass der Einsatz einer Internetrecherche außerhalb eines WebQuests nicht explizit geübt wird.[80]

Jedoch gibt es im Internet zahlreiche Beispiele von WebQuests, die die Planung eines

---

[73] Vgl. Gerber 2004
[74] Vgl. Hesse 2011
[75] Vgl. ebd. 2011
[76] Vgl. Schreiber 2001
[77] Vgl. Mai/Meeh 2002
[78] Vgl. Gerber 2002
[79] Vgl. Gerber 2007, S.7
[80] Vgl. Hesse 2011

6. Chancen und Grenzen

WebQuests erleichtern können. Man kann die Informationsrecherche während eines WebQuests als eine geeignete Übung für Internetrecherchen sehen. Die Fähigkeit im Internet Recherchen anzustellen wird in der Schule vernachlässigt. Somit sind WebQuests und deren Form von Informationsbeschaffung eine geeignete Vorstufe, um die Arbeitsweise „Internetrecherche" zu erlernen.

7. Fazit

Abschließend betrachtet ist die WebQuest – Methode eine geeignete Lernform für Schüler. Die Schüler lernen eigenständig, selbstbestimmt und sind selbst aktiv. Zudem erlernen sie den Umgang mit digitalen Medien und erwerben Medienkompetenz. Der Lehrende muss sich dafür in das Thema einarbeiten und auch das erstellen eines WebQuests ist mit einem Zeitaufwand verbunden. Jedoch ist dies wie bei der Einarbeitung und Vorbereitung in ein neues Thema gleich: Motivation und das Aufwenden von Zeit ist von den Lehrkräften gefragt.

Zudem gibt es durch die „Lernspirale"[81] einen großen Fundus an WebQuest, den Lehrer und Schüler gleichermaßen nutzen können und ständig erweitert und umstrukturiert werden soll und kann. Hier sehe ich weiteren Entwicklungsbedarf. WebQuests sind normalerweise von Lehrern entwickelt worden. Dabei stellt Moser 2008 zurecht fest, dass WebQuests „Lernabenteuer von Schülern"[82] sind und diese ihre eigenen Produkte erstellen und diese veröffentlichen sollten. Auf diese Produkte könnten wiederum andere Klassen und Schüler reagieren und im Sinne des Web 2.0 handeln. „Man lädt nicht nur Informationen herunter, sondern bildet Communities, in welchen man sich aktiv an der Generierung von Wissen beteiligt."[83] Zum Beispiel können Schüler einen Vergleich und die Planung einer Klassenfahrt im Rahmen eines WebQuests durchführen. Am Ende der Reise könnten sie dann eine Webseite gestalten auf der Erlebnisse, Hinweise, Tipps und Fotos veröffentlichen. Diese Informationen kann dann wiederum eine andere Klasse nutzen.[84] Dies ließe sich auch in anderen Medien wie in Podcasts oder kurzen Filmen erarbeiten und auf der Webseite einstellen.

---
81 Vgl. Moser 2008, S.79
82 Ebd., S.79
83 Ebd., S.80
84 Vgl. ebd., S.80

7. Fazit

Dieser Aspekt von WebQuests ist meines Erachtens ein sehr zentraler. Denn durch diesen lassen sich Kritiker, wie sie Melchior 2006 beschreibt, die WebQuests lieber „zwanglos und sogar oft besser auch im traditionellen, handlungsorientierten Unterricht umsetzten"[85] wollen, zum Stillschweigen bringen. Ein WebQuest lässt sich vor diesem Hintergrund nicht einfach mit Kopien der Quelltexte ausgeben,[86] sondern wird interaktiv.

---

85 Melchior 2006
86 Vgl. ebd. 2006

Literaturverzeichnis:

Alle Onlinequellen waren am 21.10.2011 verfügbar.

Baumgartner, P./Häfele, K./Häfele, H. (2002): E-Learning: Didaktische und technische Grundlagen. In: E-Learning Sonderheft. Wien: bm:bwk – Das Zukunftsministerium.

Beck, Erwin/Guldimann, Titus/Zutavern, Michael (Hrsg.) (1996): Eigenständig lernen. St.Gallen: UVK Verlag.

Brandl, Werner (1997): Lernen als „konstruktiver" Prozess: Trugbild oder Wirklichkeit? In: Schulmagazin 5 bis 10, Heft 5/1997. Aktualisiert 2006. Online: http://www.kvhs-osterode.de/aktuell/galerie/103/images/W.%20Brandl.pdf

Brüggen, N. (2008): Kompetenter Medienumgang aus Sicht der Heranwachsenden. In: Wagner, U. (Hrsg.): medienhandeln in Hauptschulmilieus. Mediale Interaktion und Produktion als bildungsressource. München: kopaed.

Dodge, B. (1995): Some Thoughts about WebQuests. Online: http://webquest.sdsu.edu/about_webquests.html

Dodge, B. (1997): Building Blocks of a WebQuest. Online: http://projects.edtech.sandi.net/staffdev/buildingblocks/p-index.htm

Dodge, B. (2002): WebQuest Taskonomy: A Taxonomy of Tasks. Online: http://webquest.sdsu.edu/taskonomy.html

Dopplinger, Ursula (2011): eLearning an der volksschule – ein mehrwert? Aspekte zu einem zukunftsorientierten Unterricht mit IKT. In: Medienimpulse. Beiträge zur Medienpädagogik, Ausgabe 3/2011. Online: http://www.medienimpulse.at/articles/view/350

Fielder, Rebecca (2002): WebQuests: a critical examination in light of selected learning theories. Online: http://www.portalwebquest.net/pdfs/wqacritical.pdf

Literaturverzeichnis:

Gerber, Sonja (2004): Einführung in die WebQuest-Methode. Überblick für Eilige. Online: http://www.webquests.de/eilige.html

Gerber, Sonja (2007): WebQuests – E-Learning nicht nur für Anfänger. Online: http://www.e-teaching.org/didaktik/konzeption/methoden/lernspiele/webquest/WebQuest.pdf

Hesse, W. (2011): Webquest. Online: http://www.e-teaching.org/lehrszenarien/pruefung/pruefungsform/webquest/

Hettinger, Jochen (2008): E-Learning in der Schule. Grundlagen, Modelle, Perspektiven.

Hoffmann, B. (2007): Medienkompetenz: eine besondere Förderung für soziale benachteiligte Kinder. Erfahrungen aus einem Projekt. In: Lauffer, J./ Röllecke, R. (Hrsg.): Mediale Sozialisation und Bildung. Methoden und Konzepte medienpädagogischer Projekte. Handbuch 2. Bielefeld: GMK.

Kerres, M./de Witt, C. (2004): Pragmatismus als theoretische Grundlage für die Konzeption von eLearning. In: Mayer, O./Treichel, D. (Hrsg.): Handlungsorientiertes Lernen und eLearning. München.
Kopaed München.

Lenczowski, Katarina (2008): Lernen mit WebQuests. Zum didaktischen und methodischen Einsatz von WebQuests in computergestützten Lernumgebungen/E-Learning-Szenarien. Studienarbeit.

Mai, Martin/Meeh, Holger (2002): WebQuests. Sowi-online-Methodenlexicon. Online: http://www.sowi-online.de/methoden/lexikon/webquests-meeh.htm

March, Tom (2003): What WebQuests Are (Really). Online: http://bestwebquests.com/what_webquests_are.asp

Melchior, Wolfgang (2006): WebQuests. Online:

Literaturverzeichnis:

http://www.wmelchior.com/archive/own/deutschdidaktik/webquest_kurz.pdf

Ministerium für Kultus, Jugend und Sport (Hrsg.) (2010): Bildungsplan Schule für Erzeihungshilfe. Online: http://www.bildung-staerkt-menschen.de/service/downloads/Bildungsplaene/SoSch/BP_Erziehungshilfe_2010.pdf

Moser, Heinz (2008): Abenteuer Internet. Lernen mit WebQuests. Zürich: Verlag Pestalozzianum

Peterhans, Matthias (2011): (N)ONLINER Atlas 2011. Online verfügbar: http://www.nonliner-atlas.de/

Rosenberg, M.J. (2001): E-Learning. New York.

Schreiber, Robert (2001): globales Lernen: WebQuests. Online: http://www.globales-lernen.de/WebQuest/

Schulen ans Netz e.V. Online: http://www.schulen-ans-netz.de/positionen-und-themen/lernen-mit-digitalen-medien.html

Wagner, Wolf-Rüdiger (2004): Workshop: WebQuests – ein didaktisches Modell zur Veränderung der Lernkultur. Online: http://www.englisch.schule.de/wagner_webquestkonzept.pdf

Werning, Rolf (1998): Konstruktivismus. Eine Anregung für die Pädagogik? In: Pädagogik, Heft 7-8/1998. Online: http://www.webquest-forum.de/infos/theorie/werning-konstruktivismus.pdf

Wyrwa, Holger (1998): Konstruktivismus und Schulpädagogik. Eine Allianz für die Zukunft? In: Landesinstitut für Schule und Weiterbildung (Hrsg.): Lehren und Lernen als konstruktive Tätigkeit. Beiträge zu einer konstruktivistischen Theorie des Unterrichts. Soest: Druck Verlag Kettler

Literaturverzeichnis:

Abbildungsverzeichnis

Abbildung 1: Begriffsraum E-Learning nach Hettinger 2008...............5
Hettinger, Jochen (2008): E-Learning in der Schule. Grundlagen, Modelle, Perspektiven. Kopaed München. S.11

Abbildung 2: Zoo WebQuest der Grundschule Friedrichsfehn.............14
http://www.grundschule-friedrichsfehn.de/projekte/zoowebquest/index.html

Abbildung 3: Beurteilungsbogen WebQuest nach Moser 2008............15
Moser, Heinz (2008): Abenteuer Internet. Lernen mit WebQuests. Zürich: Verlag Pestalozzianum